19
페르세우스의 탄생 이야기

주니어RHK

신화의 가치

신화는 한 민족의 기원이나 역사적 · 종교적 · 문화적 삶의 모습을 보여 주는 옛이야기입니다. 주로 신과 영웅에 관한 이야기가 많고, 오랫동안 입에서 입으로 전해 내려왔다는 특징이 있지요.

우리가 살펴볼 그리스 로마 신화는 고대 그리스와 로마에 전해 오는 신화와 전설을 한데 묶은 것입니다. 그리스 로마 신화는 고대의 삶을 엿보게 해 주는 문화유산일 뿐만 아니라, 세계 여러 나라의 문학과 미술에 큰 영향을 끼쳤습니다. 하지만 문화적 가치만큼이나 중요한 것이 또 있습니다. 오래된 옛이야기이면서도 거기에 담긴 교훈적 가치가 오늘날에도 여전히 쓸모 있고 중요하다는 사실입니다.

놀랍지 않나요? 수천 년 전의 이야기가 어떻게 과학 문명이 고도로 발달한 오늘날에도 통하는 것일까요? 그것은 바로 그리스 로마 신화에 나오는 신과 영웅의 모습이 오늘날 우리의 모습과 다르지 않기 때문입니다. 신들도 우리처럼 분노하고, 질투하고, 실수를 하지요. 그런 모습을 보면서 우리는 깔깔 웃거나 눈물을 흘리고, 교훈과 감동을 얻습니다. 우리가 그리스 로마 신화를 읽어야 하는 까닭이 바로 이것입니다.

신화의 세계로 떠날 여러분에게 한마디 덧붙이자면, 신화는 우리에게 끝없는 상상력을 요구한다는 점입니다. 신화 속에는 수많은 은유와 상징이 곳곳에 널려 있지요. 따라서 신화를 읽을 때에는 상상력을 최대한 발휘하여 신화 속에 숨겨진 의미를 찾고, 그것을 자기 나름대로 재해석하는 과정이 필요합니다. 이렇게 읽었을 때에야 비로소 여러분 앞에 놀라운 삶의 이야기가 펼쳐질 것입니다.

자, 그럼 흥미진진한 신화의 세계 속으로 함께 떠나 볼까요?

아크리시오스 왕은 딸 다나에가 아들을 낳으면

그 아들 손에 죽을 것이라는 신탁을 받습니다.

걱정이 된 아크리시오스 왕은 다나에를 청동 탑에 가둡니다.

하지만 다나에는 황금 비로 변신한 제우스를 만나

페르세우스를 낳습니다.

과연 페르세우스의 운명은 어떻게 될까요?

주요 등장인물

⚜ 제우스 ⚜

신들의 왕이에요.
하늘에서부터 땅에 이르기까지
모든 것을 다스려요.
다나에한테 반해 아이를 갖게 해요.

⚜ 다나에 ⚜

아크리시오스 왕의 딸이에요.
제우스 신과 만나 사랑에 빠져요.
마음이 꼿꼿하고 곧으며
끝까지 믿음을 지켜요.

⚜ 폴리덱테스 왕 ⚜

세리포스라는 작은 섬의 왕이에요.
다나에를 보고 반해서
결혼하자고 졸라요.
욕심이 많고 교활해요.

⚜ 페르세우스 ⚜

다나에와 제우스의 아들로
순진하고 용감한 청년이에요.
어렵고 힘든 일도 해낼 수 있다고
생각하고, 뭐든지 곧이곧대로 믿어요.

1
청동 탑에 갇힌 다나에

'아……. 누가 나를 좀 꺼내 줬으면.
아니, 누구랑 말이라도 한 번 나눠 보고 싶어. 너무 심심하고 외로워.'
다나에는 그렇게 바깥세상을 구경하지도 못한 채
혼자 탑 안에서 지내야 했습니다.

올림포스에서 아래를 내려다보면 언제부터인가 탑이 보였습니다.

멀리서도 눈에 띄는 높은 탑이었습니다. 올림포스의 신들은 탑을 내려다보며 궁금해했습니다.

제우스도 마찬가지였습니다.

"도대체 저 탑은 뭐지?"

그때 제우스의 눈에 무척이나 아름다운 여인이 보였습니다.

여인은 탑 꼭대기에 난 작은 창가에 잠깐 나타났다가 사라졌습니다.

제우스의 눈이 커졌습니다.

"저렇게 고운 여인이 어찌 홀로 탑 안에 갇혀 있단 말인가? 누가 저런 잔인한 짓을 했는지, 이유가 무언지 내가 가서 알아봐야겠다."

아름다운 여인이라면 자다가도 벌떡 일어나는 제우스는 그날부터 유심히 탑을 살펴보았습니다.

탑 꼭대기의 창에서는 굵은 *동아줄이 아래로 늘어져 있었습니다.

탑 밖에서 사람들이 음식이며 옷가지 등을 동아줄에 매달아 올렸습니다. 그것을 받는 사람은 창가의 아름다운 여인이었습니다.

여인은 바로 아크리시오스 왕의 딸 다나에 공주였습니다.

*동아줄 굵고 튼튼하게 꼰 줄.

다나에는 아름답고 마음이 착했습니다.

하지만 아크리시오스 왕은 무서운 신탁을 들었습니다.

다나에가 낳은 아들이 아크리시오스 왕을 죽일 것이라는 신의 예언이었습니다. 신의 예언은 인간이 벗어날 수 없는 운명과 같은 것이었습니다. 아크리시오스 왕은 그 끔찍한 운명을 비켜 가고 싶었습니다. 그래서 다나에가 아이를 갖는 일이 없도록 아예 아무도 만날 수 없는 높은 탑에 가두었던 것입니다.

운명에 대한 그리스 사람들의 생각

그리스 사람들은 태어날 때부터 운명이 정해져 있다고 생각했어요. 그 운명은 아무리 피하려고 애써도 바꿀 수 없다고 여겼지요. 하지만 신화 속의 많은 사람들은 운명을 바꾸려고 노력해요. 아크리시오스 왕 또한 운명을 바꾸고자 여러 가지 방법을 궁리해요. 과연 그의 운명은 어떻게 될까요?

탑에 갇힌 다나에는 슬프기 짝이 없었습니다.

아무도 없는 탑 안에서 날마다 하늘을 올려다보며 생각에 잠겼습니다.

'아……. 누가 나를 좀 꺼내 줬으면. 아니, 누구랑 말이라도 한번 나눠 보고 싶어. 너무 심심하고 외로워.'

다나에는 그렇게 바깥세상을 구경하지도 못한 채 혼자 탑 안에서 지내야 했습니다. 시녀들이 음식 바구니를 줄에 매달아 탑 안에 넣어 주면 그것을 먹으며 하루하루 버텼습니다.

그렇게 다나에가 청동 탑에 갇힌 뒤 많은 시간이 흘렀습니다.

2
다나에와 제우스의 만남

다나에 앞에 쏟아지던 황금 비는
서서히 사람의 형태를 띠었습니다.
점점 또렷해지더니, 어느새 제우스의 모습으로 바뀌었습니다.

어느 날, 제우스는 탑에 갇힌 여인을 찾아가기로 마음먹었습니다.

제우스가 팔을 번쩍 들자 이내 먹구름이 몰려 왔습니다. 번개와 함께 제우스는 황금빛 덩어리로 변했습니다.

탑 안에서는 다나에가 갑작스럽게 쏟아지는 비를 하염없이 바라보고 있었습니다.

'아아, 비까지 오는 날이면 더욱 무섭고 외로워.'

그때였습니다. 내리던 빗줄기가 창문 안의 다나에 쪽으로 쏟아져 들어왔습니다. 헤아릴 수 없이 많은 황금 빗방울이 반짝거리며

떨어졌습니다. 다나에는 눈부신 황금 비를 보고 깜짝 놀랐습니다. 지금까지 이처럼 이상한 일은 한 번도 겪은 적이 없었습니다.

"이게 어찌 된 일이지?"

다나에 앞에 쏟아지던 황금 비는 서서히 사람의 형태를 띠었습니다. 점점 또렷해지더니, 어느새 제우스의 모습으로 바뀌었습니다.

그 광경을 본 다나에는 소스라치게 놀랐습니다. 제우스 신이라는 것을 알 턱이 없었던 다나에는 귀신이나 괴물의 장난이라고 생각했습니다.

"꺄아아악!"

다나에는 있는 힘껏 소리를 질렀습니다. 하지만 다나에의 비명 소리는 빗소리에 묻혀 아무도 듣지 못했습니다.

"잠시 진정하고 내 말을 들으시오."

다나에는 *위엄이 서린 상대방의 목소리에 자기도 모르게 입을 다물었습니다.

"다, 당신은 누구신가요?"

*위엄 존경할 만한 위세가 있어 점잖고 엄숙함.

황금 비로 변신한 제우스

제우스라는 이름은 하늘을 뜻하는 단어로 만들어졌어요. 제우스는 형제들과 뽑기를 해서 하늘을 다스리게 되었는데, 바람과 구름, 서리, 눈, 우박을 비롯한 모든 날씨를 다스렸답니다. 제우스가 하늘을 다스리는 신이다 보니 제우스에게 바치는 제단은 주로 구름이 모이는 산꼭대기에 세워졌어요. 고대 그리스 사람들은 하늘에서 내리는 비를 보고 '제우스의 물'이라고 부르기도 했대요. 그러니 제우스가 황금 비로 변신을 하는 것은 무척 쉬운 일이었겠지요?

"여인이여, 나는 올림포스의 왕 제우스다. 너는 누구이며, 어찌하여 이런 탑에 갇혀 있느냐?"

제우스 신은 다나에에게 물었습니다.

다나에는 조심스레 입을 열었습니다. 그리고 그동안 누구에게도 *하소연하지 못한 억울한 이야기를 꺼냈습니다. 다나에는 자신이 아르고스의 공주라는 것과 왜 청동 탑에 갇히게 되었는지 모든 것을 말했습니다.

누군가와 이야기를 나누게 된 것이 기뻤던 다나에는 점점 기운이 났습니다. 외롭고 힘들었던 이야기도 모두 털어놓았습니다.

"저런! 그리 된 것이었구나. 참으로 딱하도다."

처음 만났을 때의 두려움도 잠시, 다나에는 밤이 늦도록 제우스와 이런저런 이야기를 나누었습니다.

*하소연 억울한 일이나 잘못된 일, 딱한 사정 따위를 간곡히 호소함.

황금 비를 맞는 다나에

〈다나에〉 얀 마뷔즈

탑에 갇힌 다나에의 몸 위로 황금 비가 내리고 있어요. 신이 황금 비가 되어 내린다는 독특한 소재와 신비한 분위기는 많은 화가들에게 영감을 주었지요. 쏟아지는 황금 비를 그리스의 동전으로 그리는 경우도 많아요.

그 후로도 제우스는 종종 다나에를 찾아왔습니다.

다나에는 황금 비가 눈부시게 쏟아지는 날만을 기다렸습니다.

그리고 어느덧 다나에는 자신의 이야기에 귀 기울여 준 제우스를 사랑하게 되었습니다.

얼마 뒤, 다나에는 아기를 가졌습니다.

다나에는 무척 기뻤지만 아무에게도 이야기할 수 없었습니다. 아이를 갖지 못하도록 탑에 갇힌 것인데, 만약 아이가 태어났다는 사실이 밝혀지면 아이도 다나에도 무사할 수 없는 노릇이었습니다.

하지만 다나에는 탑 안에서 몰래 새 생명이 태어나길 기다렸습니다.

"응애, 응애!"

마침내 탑 안에서 아기가 태어났습니다. 제우스를 닮은 씩씩한 사내아기였습니다. 다나에는 아기에게 페르세우스라는 이름을 붙여 주고, 탑 안에서 몰래 *애지중지 키웠습니다.

*애지중지 매우 사랑하고 소중히 여기는 모양.

3
바다에 버려진 다나에

거센 파도가 일면서 나무 상자에 물이 새기 시작했습니다.
게다가 바다 한가운데서는 무시무시한 회오리까지 일었습니다.
"아! 신이시여, 도와주세요!"

하지만 다나에가 몰래 아기를 키운다는 사실은 금세 *들통이 나고 말았습니다. 딸과 손자를 차마 죽일 수 없었던 아크리시오스 왕은 두 사람을 커다란 나무 상자에 실어 바다에 띄워 보냈습니다.

다나에는 아무것도 모르는 페르세우스를 안고 너른 바다를 떠다녔습니다.

그런데 거센 파도가 일면서 나무 상자에 물이 새기 시작했습니다. 게다가 바다 한가운데서는 무시무시한 회오리까지 일었습니다.

"아! 신이시여, 도와주세요!"

그때 파도가 갈라지며 삼지창을 든 거대한 신이 모습을 드러냈습니다. 바로 바다의 왕이자 제우스의 형제인 포세이돈이었습니다.

*들통 비밀이나 잘못된 일 따위가 드러난 판국.

포세이돈은 상자가 가라앉지 않게 지켜 주었습니다. 일렁이던 파도도 잔잔해졌습니다. 그러자 이번에는 커다랗고도 너그러운 파도가 밀려왔습니다. 파도는 상자를 보호하듯 휘감고는 멀리 보이는 섬으로 조금씩 끌고 갔습니다.

사실 제우스는 모든 것을 지켜보고 있었습니다.

제우스는 다나에와 페르세우스가 바다에 떠다닐 때부터 마음이 조마조마했습니다. 그래서 포세이돈에게 부탁을 한 것입니다.

"포세이돈! 페르세우스는 내 아들이라네. 부디 잘 지켜 다오."

포세이돈은 제우스의 부탁을 받고 다나에와 페르세우스를 단단히 보호했습니다. 바다의 님프들도 포세이돈의 명령을 받아 다나에와 페르세우스를 *호위하며 바다를 헤쳐 갔습니다.

바다의 신 포세이돈

바다의 신 포세이돈은 제우스와 형제예요. 포세이돈은 제우스와 형제이면서도 신들의 왕 제우스에게 충성을 다했어요. 제우스가 전차를 타고 올림포스에 오면 포세이돈이 가장 먼저 마중을 나갔답니다. 트로이 전쟁 때에도 제우스의 명령대로 싸움터에서 물러났지요. 바람처럼 빨리 달리는 말을 두고 제우스와 경쟁이 붙었을 때에도 결국 제우스에게 양보를 했어요. 그만큼 충성스러운 형제였으니, 포세이돈이 제우스의 부탁을 들어준 것은 당연한 것이었지요.

*호위하다 따라다니며 곁에서 보호하고 지키다.

나무 상자는 잔잔한 파도에 밀려 나아갔습니다. 이윽고 다나에의 눈에 멀리 푸른 섬이 보였습니다.

나무 상자가 기슭에 닿자, 다나에는 아기를 안고 내렸습니다. 맑은 바람과 지저귀는 새 소리가 두 사람을 맞아 주었습니다.

"그래, 이제부터 여기서 살자."

다나에는 아기를 꼭 끌어안았습니다.

4
세리포스 섬의 페르세우스

"페르세우스는 정말 영웅이 될 인물이지."

사람들은 그런 페르세우스를 두고 입이 마르게 칭찬을 했습니다.

그럴 때면 다나에는 누구보다 기분이 좋았습니다.

다나에가 도착한 섬의 이름은 세리포스였습니다.

다나에는 아담한 집을 꾸미고 페르세우스를 키우며 소박하게 살았습니다. 세리포스 섬의 사람들은 다나에와 페르세우스를 친절하게 받아들였습니다.

시간이 많이 흘렀지만 다나에는 여전히 아름다웠고, 갓난아기였던 페르세우스는 씩씩한 청년이 되었습니다.

"어머니, 무거운 건 이리 주세요."

페르세우스는 홀로 자신을 키운 어머니를 *극진히 아꼈습니다.

다나에 또한 페르세우스 없이는 단 하루도 살 수 없었습니다.

***극진하다** 마음과 힘을 다하여 애를 쓰는 것이 매우 지극하다.

"아이쿠, 도둑이야!"

하루는 페르세우스가 길을 가는데 외치는 소리가 들렸습니다.

짐을 빼앗긴 할머니가 다급하게 지르는 비명이었습니다. 할머니의 짐을 채 간 도둑은 멀찌감치 달아나고 있었습니다.

이것을 그냥 보고 지나칠 페르세우스가 아니었습니다.

"거기 서라!"

페르세우스는 재빨리 도둑을 뒤쫓아 갔습니다. 도둑은 바람같이 달려오는 페르세우스를 따돌릴 재간이 없었습니다. 페르세우스는 몸을 날려 도둑을 잡았습니다.

"할머니, 여기 있어요."

"고맙구려, 페르세우스."

몸을 일으킨 할머니는 안도의 미소를 지었습니다.

"뭘요. 제가 할 수 있는 일이라면 기꺼이 하는 거죠."

"페르세우스는 참 성실한 젊은이야."

"그럼, 그럼. 아주 씩씩하고 착하지."

"이렇게 작은 섬에만 있기에 아까운 청년이야. 큰 도시에 나가도 누구에게 뒤지지 않을 훌륭한 인물이 될 거야."

"그래 맞아. 페르세우스는 정말 영웅이 될 인물이지."

사람들은 그런 페르세우스를 두고 입이 마르게 칭찬을 했습니다.

그럴 때면 다나에는 누구보다 기분이 좋았습니다.

페르세우스는 마음이 곱고 착할 뿐 아니라 사냥 솜씨도 뛰어났습니다.

활을 쏘면 *백발백중 사냥감을 맞추곤 했으니까요.

올림포스 산에서 지켜보던 제우스 또한 그런 아들을 자랑스럽게 여겼습니다.

*백발백중 백 번 쏘아 백 번 맞힌다는 뜻으로, 총이나 활 따위를 쏠 때마다 겨눈 곳에 다 맞음을 이르는 말.

페르세우스는 어머니 다나에와 세리포스 섬 사람들, 그리고 올림포스의 여러 신들과 아버지 제우스 신의 아낌없는 사랑을 받으며 그렇게 무럭무럭 자라났습니다.

5
폴리덱테스 왕의 음모

폴리덱테스는 엉큼한 미소를 지으며
입을 열었습니다.
"좋다. 그럼 메두사의 머리를 가져와라."

한편 세리포스 섬에는 폴리덱테스라는 왕이 살고 있었습니다.

세리포스 섬 사람들은 무척 순하고 착했지만 왕은 그렇지 않았습니다. 툭하면 사람들을 괴롭히고 못살게 굴었습니다. 게다가 나라를 제대로 다스리지도 않았습니다.

사람들은 그런 왕이 싫었지만 왕의 힘이 막강하여 맞설 수가 없었습니다.

폴리덱테스에게는 딕티스라는 동생이 있었습니다.

딕티스는 무척 착하고 성품이 너그러워 다나에와 페르세우스

가 섬에 도착했을 때에도 극진히 돌보아 주었습니다. 머물 수 있는 아담한 집을 마련해 주기도 했습니다.

그런 동생과 달리 폴리덱테스는 아무에게나 함부로 대했습니다.

폴리덱테스는 백성들이 어떻게 사는지에는 통 관심이 없었습니다. 다만 자신의 욕심을 채울 것을 찾아 마을을 둘러보곤 했습니다.

어느 날, 신하들을 데리고 마을을 돌던 폴리덱테스는 페르세우스의 집 앞에서 다나에를 보았습니다.

폴리덱테스는 아름다운 다나에를 보고 한눈에 반했습니다.

'오, 우리 섬에 이렇게 아름다운 여인이 있었다니!'

폴리덱테스는 곧 다나에에게 청혼을 했습니다.

"나는 이 섬의 왕이오. 나와 결혼해 주시오!"

다나에는 *단호하게 대답했습니다.

"저는 이미 제우스 신의 아들을 낳았고, 오직 제우스 신을 마음에 품고 있습니다."

하지만 폴리덱테스는 아랑곳하지 않고 말했습니다.

*단호하다 태도나 입장 따위를 딱 잘라 결정하고, 엄격하다.

"그런 것은 상관없소. 제우스 신은 당신 곁에 없잖소?"

다나에는 *치근거리는 폴리덱테스를 피해 얼굴을 돌렸습니다. 하지만 폴리덱테스는 더욱 졸라댔습니다. 다나에는 꼼짝도 하지 않았습니다.

"이런 고집 센 여자 같으니! 내 다시 올 테니 마음을 정하시오!"

그 후로 폴리덱테스는 날마다 찾아와서 다나에에게 결혼하자

*치근거리다 성가실 정도로 자꾸 귀찮게 굴다.

고 졸랐습니다. 하지만 다나에의 마음은 흔들리지 않았습니다. 폴리덱테스의 동생 딕티스는 형과 달리 다나에를 가족처럼 잘 지켜 주고 도와주었습니다. 그러나 욕심 많은 폴리덱테스는 다나에를 포기하지 않았습니다.

다나에는 폴리덱테스 때문에 무척 힘들었지만 페르세우스에게 이 사실을 알리지 않았습니다.

그러던 어느 날이었습니다.

여느 때처럼 집으로 돌아오던 페르세우스는 집 앞에서 폴리덱테스와 어머니를 발견했습니다.

“이젠 마음을 바꿀 때도 되지 않았소? 오늘이 마지막이오. 강제로라도 그대를 내 궁전으로 데리고 가겠소!”

페르세우스는 칼을 뽑아 들었습니다.

“누구 마음대로! 왕이시여, 이게 도대체 무슨 행동입니까!”

폴리덱테스는 페르세우스를 노려보았습니다.

“감히 왕이 이야기하는데 끼어드는가? 어린 것이 뭘 안다고 나서는 거냐? 괘씸하도다. 오호라, 네놈이 페르세우스란 녀석이구나. 다나에가 달고 다닌다는 그 귀찮은 사내놈이군.”

폴리덱테스는 억지로 다나에를 끌고 가려고 했습니다. 하지만 페르세우스가 곁에 있으니 뜻을 이룰 수 없었습니다.

폴리덱테스는 페르세우스가 *눈엣가시처럼 느껴졌습니다.

'저 녀석만 없애면 내 뜻대로 할 수 있을 텐데! 이를 어쩐다?'

고심하던 폴리덱테스는 다나에한테서 페르세우스를 떼어 놓을 방법을 떠올리고는 명을 내렸습니다.

"모든 사람들은 들으라. 섬에 사는 자는 누구든지 세금으로 말 한 마리를 바치도록 하라!"

한두 푼도 아니고 갑자기 비싼 말을 한 마리씩 바치라

*눈엣가시 몹시 밉거나 싫어 눈에 거슬리는 사람.

니 사람들은 불만에 가득 차서 웅성거렸습니다.

"말? 지금 왕께서 말을 바치라고 하셨나?"

"그렇다네. 아니 무슨 바람이 불어서 갑자기 말을 내놓으라고 한단 말인가."

"우리 집은 말 한 필이 전 재산인데 큰일일세."

이러하니 세리포스 섬에서 가진 것이 가장 적었던 페르세우스네 집에 말이 있을 턱이 없었습니다.

폴리덱테스 왕과 세금

폴리덱테스 왕이 페르세우스를 다나에한테서 떼어 놓을 요량으로 말을 한 마리씩 바치라고 하지요. 당시 말 한 마리는 엄청나게 비쌌어요. 전해지는 이야기로는 오늘날의 세금이 폴리덱테스의 말 한 마리에서 비롯되었다고 하기도 해요.

“왕이시여. 세금으로 말을 내라고 하셨지만, 저희는 말이 없습니다. 게다가 당장 말 한 마리를 구할 형편도 되지 못 합니다.”

순진한 페르세우스는 폴리덱테스에게 사실대로 말했습니다. 그리고 이어서 제안했습니다.

“대신 왕께서 원하시는 게 있다면 무엇이든 들어드리겠습니다.”

그 말을 들은 폴리덱테스의 눈이 반짝거렸습니다.

“지금 자네, 무엇이든 들어준다고 했는가?”

“예, 그렇습니다. 무엇이든 말씀만 하십시오.”

폴리덱테스는 엉큼한 미소를 지으며 입을 열었습니다.

"좋다. 그럼 메두사의 머리를 가져와라."
사람들이 술렁거리기 시작했습니다.

"메두사? 지금 왕이 메두사라고 했나?"

"안 돼, 페르세우스! 어서 싫다고 말씀드려!"

사람들은 왕의 귀에 들리지 않게 속삭였습니다. 하지만 페르세우스는 망설임 없이 대답했습니다.

"원하신다면 가져다 드리겠습니다."

폴리덱테스는 계획대로 일이 술술 풀린다는 생각에 뛸 듯이 기뻤습니다.

'이 녀석, 메두사가 어떤 괴물인지 아직 모르나 보군. 메두사는 어디에 있는지 찾기도 어려울뿐더러 자기를 보는 사람은 그 자리에서 돌로 만들어 버리는 괴물이지. 흐흐, 누구도 물리치지 못한 메두사를 잡겠다고? 넌 이제 결코 돌아올 수 없을 것이다.'

"오, 좋다. 네가 메두사의 머리를 가져온다면 너희 집뿐만 아니라 세리포스 섬의 모든 사람들이 말을 바치지 않아도 된다."

폴리덱테스는 *인심이라도 쓰듯 말했습니다.

*인심 남의 딱한 처지를 헤아려 알아주고 도와주는 마음.

폴리덱테스의 시커먼 속을 아는지 모르는지 페르세우스는 길 떠날 준비를 했습니다.

“어머니, 한 번 약속한 것은 꼭 지켜야 합니다. 메두사의 머리를 베어 꼭 돌아오겠습니다.”

마을 사람들은 페르세우스가 다시 돌아오지 못할 거라며 걱정했습니다. 다나에도 물론 걱정이 되었지만, 아들이 잘 해낼 거라고 믿었습니다.

페르세우스는 당당하게 길을 떠났습니다.

신화 뒷이야기

OLYMPUS GUARDIAN

아크리시오스 왕은 델포이 신전에서 자신의 딸이 낳은 아들, 즉 외손자가 자기를 죽일 것이라는 신의 예언을 듣습니다.

당시 델포이 지역은 그리스의 중심이자 가장 신성한 땅으로 종교의 중심지였습니다. 그리스의 각 도시 국가들은 나라의 중대한 일을 결정하기 전에 반드시 델포이 신전에 가서 신탁을 묻곤 했습니다. 그만큼 사람들은 델포이에서 받은 신탁을 중요하게 여기고 그대로 믿었습니다.

그러니 아크리시오스 왕도 외손자가 자기를 죽일 것이라는 신탁을 받자, 두려움에 떨 수밖에 없었습니다. 운명을 피하려는 아크리시오스 왕의 노력에도 불구하고 페르세우스는 건강하게 태어나 훌륭한 청년으로 자라납니다. 막으려고 애썼지만 신탁대로 이루어진 것입니다.

여기에는 운명에 대한 그리스 사람들의 생각이 녹아 있습니다. 그리스 사람들은 누구나 자신의 운명을 가지고 태어나고, 아무리 노력해도 그 운명을 바꿀 수 없다고 생각했습니다. 즉, 타고난 운명은 어쩔 수 없이 받아들여야 한다는 뜻이지요. 하지만 실제로 운명이 그렇게 정해진 것일까요?

운명은 정해진 대로 이루어지는 것이 아니라 본인이 얼마나 노력하느냐에 따라 얼마든지 달라질 수 있습니다. 설령 신이 정해 놓은 운명이 있다 한들 인간은 그것을 알 수 없습니다. 그러니 하루하루 최선을 다해 살아야 하는 것이지요.

이 이야기가 전하는 것이 그저 '아크리시오스 왕은 정해진 운명대로 죽음을 맞이할 것이다' 만은 아닐 것입니다. 영웅 페르세우스가 태어나기까지 남다른 탄생 이야기를 *설정하기 위해 운명이라는 *장치를 가져온 것이지요.

*설정하다 새로 만들어 정해 두다.
*장치 어떤 일을 원만하게 수행하려고 만든 조직 구조나 규칙 따위를 비유적으로 이르는 말.

올림포스 신들의 계보

크로노스 + 레아
하데스
지하 세계의 왕
포세이돈
바다의 신
제우스
신들의 왕
헤라
신들의 여왕,
제우스의 아내
헤스티아
난로 · 불의 여신
데메테르
대지의 여신
아테나
지혜 · 전쟁의 여신
제우스 + 메티스
아폴론
의술 · 음악의 신
제우스 + 레토
아르테미스
사냥 · 순결의 여신
아스클레피오스
의술의 신
아레스
전쟁의 신
제우스 + 헤라
헤파이스토스
대장간의 신
제우스 + 디오네
아프로디테
헤파이스토스의 아내,
미의 여신
에로스
사랑의 신
헤르메스
신들의 전령,
상업의 신
제우스 + 마이아
디오니소스
술의 신
제우스 + 세멜레
페르세포네
하데스의 아내
지하 세계의 여왕
제우스 + 데메테르

그리스 로마 신화 주요 인물의 이름

그리스 어	로마 어	영어
가이아	텔루스	
니케	빅토리아	나이키, 빅토리
데메테르	케레스	세레스
디오니소스	바쿠스	바커스
레아	키벨레	시벨레
아레스	마르스	마스
아르테미스	디아나	다이애나
아테나	아테네, 미네르바	
아폴론	아폴로	아폴로
아프로디테	베누스	비너스
에로스	쿠피드, 아모르	큐피드
오디세우스	울릭세스	율리시스
우라노스	카일루스	유러너스
제우스	유피테르	주피터
크로노스	사투르누스	새턴
페르세포네	프로세르피나	
포세이돈	넵투누스	넵튠
하데스	플루톤	플루토
헤라	유노	주노
헤라클레스	헤르쿨레스	허큘리스
헤르메스	메르쿠리우스	머큐리
헤스티아	베스타	
헤파이스토스	불카누스	벌컨

그리스 로마 신화 올림포스 가디언 19

페르세우스의 탄생 이야기

펴낸이 양원석
펴낸곳 ㈜알에이치코리아
등록 2004년 1월 15일 제2-3726호
주소 서울특별시 금천구 가산디지털2로 53, 20층 (한라시그마밸리)
문의전화 02)6443-8800

ISBN 978-89-255-4429-8(74800)
ISBN 978-89-255-4354-3(세트)

값 **12,800원**

원작 만화로 보는 그리스 로마 신화(가나출판사)
이광진 엮음, 홍은영 그림
명화 구입처 유로크레온㈜